Combined is the chance to see, feel, and read

all of the know work before..

take this opportunity to get acquaintance with the most touching poëms ever.....

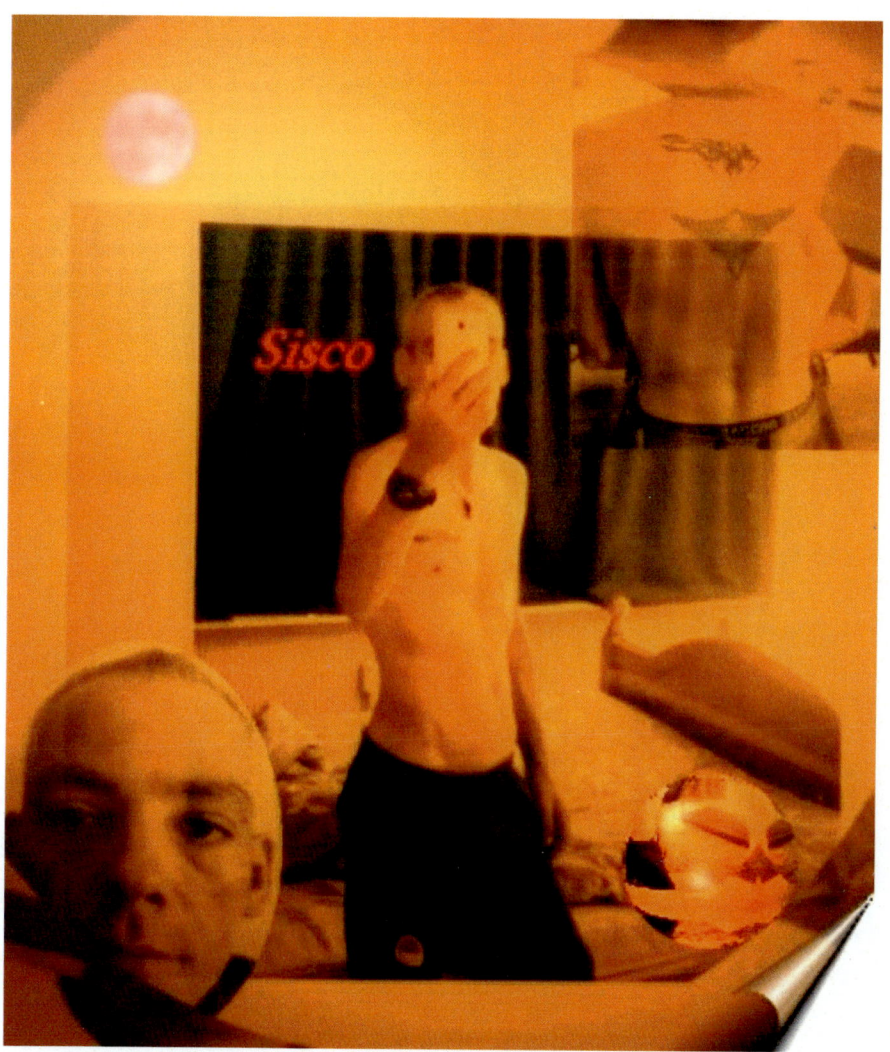

Never Ending And for always here in this time …. and the Next…

Compelled Extension

Compelled to write, compelled to live,

Feels so trusted, compelled to give.

Sense the urge, use my gift,

Present and future, have been at drift,

My intensions, floating around,

In this bubble, chained and bound.

It needs to explode, free it's powers,

It needs to expand, in golden hours..

Wants to be nurished, let it loose,

Eternal words, is what I choose..

Compelled to write, free it'spowers,

Arise new book, In golden hours

A few sidemarks for "Compelled extension"

Deep inside me , I have always felt the urge of writing,

Never been sure of it, but alsow never doubted,

That sounds a bit strange maybe, I confess,

But sometimes you know there is a reason whitout knowing the reason itself,

    My Opinion?...

A true gift is there to be released and to share as much as you feel Compelled to…..

Empress Sophie....

Came Walking to me, on the streets,

Into my life, whit al she needs...

Just al little cat, great in her being,

What was she, in godsname seeing?

Take over my days, whitout remorse,

Extension of my heart, happyness ofcourse..

Sweet and gentile , like a child,

Knows what she wants, and so mild...

Gracious walking, little soul,

Make her happy, is My goal...

My little Empress, walking tall,

In her heart love, not so small.....

For Sophie My little Sweetheart...

Mankind.....

An act of humanity, in twisted way's,

No meaning at all, just as it say's ..

Hypocrite being, lie to yourself,

Claiming to help, truth on the shelf..

Don't bother saying, I help you,

We both know, that's not true..

Take a look, inside your soul,

See the story, at it's whole..

Caring about, only yourself,

True story lies, stil on the shelf..

Being frank, Sincerity Prime,

Being Honest, Stil No Crime…

Lead the way…

If you follow, I will lead the way,

If you lissen, I've got something to say..

Call me sheppard, call me a guide,

All those names, might be right…

I will share, all my riches,

I wil build, all those bridges…

If you follow, I will lead the way,

It might be you, got something to say..

Tiles of trust, make us strong,

Ne we can, not go wrong..

If you know, lead the way,

If you think, got something to say…

War…..

War, in mind and soul,

Is this realy, a new treshole,..

New steps, on your way,

No haste, and no delay..

A new road, as new as it is,

Could just be, that unknown wish…

Don't disgard it, try and live,

Be yourself, and all you can give…

Don't hold back, going steady,

Here and now, I am ready..

A new road, a new wish,

Take it all, as it is….

Emotie…(dutch)..

Gevoel en emotie, moeilijk te uiten,

Toch is liefde , niet te stuiten,

Één advies, laat het gebeuren,

Want achteraf, wil jij niet treuren..

Spijt van iets, wat je niet deed,

Achteraf te laat, en zoveel leed..

Gaan voor wat je voelt, met een reden,

Geef je liefde, en tijd te besteden…

Denk teveel na, dan gaat het mis,

Leven is het mooist, in het ongewis..

Gevoel en emotie, heb ik voor jou,

Mijn hart is in het nu ,

    En Eeuwig voor jou…..

Dagen gaan voorbij,……

Dagen gaan voorbij,in een leven vol vragen,

Toch hoor je mij niet, steeds weer klagen…

Verwondert kijk ik, naar wat gaat gebeuren,

Zonder twijfel, verleden verscheuren...

Laat het achter, gewoon vergeten,

Ik heb mij altijd nog, flink verbeten...

Nooit opgeven, ga altijd door,

Trouw en waarheid, daar sta ik voor...

Elk moment, een nieuwe weg,

Voor alles is er, zeker uitleg...

Maak je niet druk, ga ervoor,

Denk niet aan omwegen, ga rechtdoor...

Straks kijk je terug, op je leven,

En denk je misschien, nog heel even..?

Tijd gaat voorbij, in een leven vol vragen,

Zoveel uren verspild, aan al dat klagen....

Introduction of RESURRECTION...

This First Poem needs a brief introduction,

A friend of mine, Very dear to me,

Presumed me being deceased for almost one year,

And sadly i did not correct that mistake, until a few days ago,

A Thank you for my dear friend,

And another thanks for forgiving me and being still and again my friend.

P.S.(Correction):

5 days after this poem was written,

It appears I was not Really forgiven,

Presumed friendship is fragile

And may be very well ended at time of releasing this book,

All Because of Just One Stupid Mistake......

RESURRECTION...

I made a mistake, And I want to pay,
I made a mistake,
But there's nothing I Can say,
To make it right, And RESURRECT,
To see your eyes, And Reflect,
I made a mistake, I shut you out,
But I heard you scream,
So Unbelievable loud,
My heart broke in two,
I Needed to be There,
In my mind, You are Everywhere,
In your eyes, I see reflection,
My Comeback,
My RESURRECTION...

EQUALS...

EQUALS, YOU AND ME,
WHY IS THAT, SO HARD TO SEE,
EQUALS IN, EVERY WAY,
EQUALS? HARD TO SAY?
SHOULD YOU BE, MORE THAN ME?
I CANNOT, WATCH AND SEE,
LET US BE, ALL THE SAME,
LET US BE, SHARE AND FAME,
EQUALS YOU AND ME,
EQUALS, JUST LOOK AND SEE...

Use Innovation...

Dare to be, A bit Bold,
Try to be, A bit cold,
Do some things,
You would'nt dare,
Do the things,
You can't bare,
Try new roads,
Use Innovation,
Expect Excitement,
Through Immagination,
Connect the dots,
Find them all,
All experiences,
Not so small,
Try new roads, And be Bold,
Do some things,
And have it Cold...

ORion
   Forever...

Always here , And never to go,
Part of this Universe,
All of it to show,
Keeping strenght,
Sometimes losing,
Always there,
Sometimes Choosing,
Waking up, A day begins,
Today it is, Cheerfull wins,
Maybe tomorrow, I feel sad,
I'd rather be, A bit bad,
Like a boy, I'm making fun,
Not only walking,
But sometimes run,
Always here, And never GO,
Part of the Universe,
It's just a Show...

Intruding Illusions....

Illusions, Intruding our mind,
Illusions, Intruding Mankind,
Let them Freely, In your head,
Call them Intruding,
Or wishes Instead,
Do we realy,
Cast them away,
Why not just,
Let them stay,
More Illusions, In our Brain,
Nothing waisted, Or in Vain,
Intruding Wishes,
In our head,
Call them dreams,
Or Illusions Instead...

Oblivious...

*Oblivious Surrounders,
Are they truely blind,
Oblivious encounters,
What do they truely find,
Closed eyes, They don't see,
Closed minds, Oblivious te Be,
Would they see life, As It Is,
Would they Know, What they mis?
Keep your brain, Openminded,
Let yourself see,
And don't be blinded,
Oblivious Surrounders,
Will they truely find,
Oblivious encounters,
Will they stay Blind?*

Being...

*Being myself, Being Unique,
Being myself, Answers to seek,
Being myself, A different state,
Being unique, A different gate,
Being Truthful, Honest in soul,
Never Different , Was my goal,
Holding back, A lot of myself,
Keeping a lot, On the shelf,
Being unique, Honest in soul,
Being truthful, Always my goal...*

Consider This...

Consider this, Think about that,
Consider this, And act bad,
Nothing Serious, Just make fun,
Nothing Criminal, Hide and run,
Playful it is, Might be a game,
Turn Your back, Nothing's the Same,
Did you make, A wrong turn?
Did your vingers, Hurt and burn?
Consider this, And act Bad,
Nothing Criminal, How about That...

Alone At Night...

*Alone at night,
Counting the Hours,
Alone in bed,
No Love no Flowers,
Dreaming of,
This perfect Wish,
I don't know ,
Where it is,
I keep searching,
For you my dear,
Being Alone,
My Biggest Fear,
Will I find You,
Will you find me?
We both as one,
Impossible to be?
Alone at night,
Counting the Hours,
The same bed, No Love No Flowers...*

REDUCTION...

Reduction of anger,
Reduction of Hate,
In just a second,
It could be to late,
Forget our differencess,
Forget yesterday,
Now is the time,
Something to say,
Make it good, Make it right,
Darkness vanish, Make it light,
Don't be lonely, Try to share,
Enjoy this living,
And start to dare,
Reducing anger,
Make it right,
Make things good,
Make it light...

Unleashing...

Unleashing hope, Releasing Love,

Upon mankind, From Above,

Unleash the world, Set it free,

Release us all, And let us be,

Let us ask, For all we need,

Let us watch, Growing seed,

All as one, Against Rage,

All and one, The same page,

Unleashing Love, Upon mankind,

From above, And not Declined...

Simplified...

Simplified, A Human being,
Simplified,
An angel seeing,
Make mistakes, Feel the pain,
Feel the sun, Smell the rain,
Simplified to, Human measure,
Simplified to, Human Treasure,
Simplified to,
  Complexity,
    Simplified,
      For Eternity...

No patience...

No patience, No time to waist,
All i've given,
My trust misplaced,
Try again, Not to fail,
Take the train,
And don't Derail,
Leaps of trust, Keep on going,
Keep your love,
Or start Throwing,
No patience, No time to waist,
Try again, No time Misplaced...

Awakenings...

*Time to wake up, And be aware,
Going through life alone,
Who does care?
No one Else, Certainly NOT,
On my own, Thats all I got,
Made me hard, Out of Steel,
Within me, Thats all I Feel,
Forsaken By? It does'nt Matter,
Whatever happens, I wont shatter,
Time to wake up,
It does'nt matter,
On my own, I Wont Shatter...*

All of Us...

We all are, Leaving traces,
We all live,
in different spaces,
All of us, Making Impact,
All of us, Stay Intact,
Everyone, Leaves a trace,
Everyone, A different space,
All of us, We keep sharing,
All of us , We keep bearing,
All of us, We Should share,
All of Us,
   WE Should Care....

Temporary...

Broken and, Temporary Beat,
Wounded and, In temporary need,
Friends and, Support feeling,
Help and, With hardness Dealing,
Temporary Broke, There's no choice,
Temporary beat, I have no voice,
From inside, Feeling strange,
Being Broken, In Varriation of range,
I will Heal, That for shure,
Just need time, Thats my cure,
Temporary broken, I am in need,
To all My friends, I feel Beat...

Invisible Lake...

Crossing, An Invisible Lake,
Just jump, Whats at stake?
I cannot swim, Neather float,
It's about Life, Whitout a boat,
I have no choice, I have to go,
What will happen, Could I Know?
The other side, So much lighter,
Now my thoughts, So much brighter,
Crossing the Lake, I had to Go,
No mistake, Could I Know...

Whenever...

Whenever you feel sad,
Whenever you feel blue,
Whenever you are bored,
Whenever you don't have a clou,
Whenever you feel Joy,
Whenever you are confused,
Call me, Your second voice,
Whenever you feel brused,
Whenever you need me,
I will be there,
Whenever you are in doubt, I do Care,
Whenever you need me, You my friend,
Whenever you need it,
My heart will I send...

Beautiful...

Today is Beautiful,
Tomorrow Does not Count,
Fun and Laughter,
Such a Beautiful Sound,
My Heart Feels Warm,
The Sun on My Skin,
This, My New Life,
Where Have You Been?
I kept waiting, Day after day,
Now i don't know, What to say,
I don't have my wishes,
But i am Content,
Forget Tomorrow,
Today The time we spend...

SelfProtection...

Self-protection, No damage can be done,

Self-protection, Have we Truly Won?

Am I free, Not longer caged,

Are you done? No longer raged?

Will you not, Hunt me down?

Will we go together, Into town?

The same path, We will take,

Is It I , Or will you brake,

I will help you, And you me,

Maybe this was, Mend to be,

Self-protection, Was this war?

Is there coming, Any more?

Scared...

Scared of being, Not good enough,

Scared of being, Not so Tough,

Present time, Do your best,

For the Future, Do the Rest,

Small Achievements, Bit by bit,

Take a day, Watch and sit,

Be as hard, Not so tough,

Be yourself, That's enough,

Small Achievements, Do your best,

Look the Future, Does the rest...

Somewhere...

Somewhere in the future,

I hope to meet you,

Somewhere in the future,

I hope to greet you,

You must exist, You must be real,

My inner voice screams,

How else Would I feel?

So much love, To share between us,

No more empty nights,

Or Loneliness,

Till That moment, Only dreams,

Waking up alone, So it seems,

Somewhere, You must be real,

Us together, I do Feel...

Betrayal....

Betrayal, Of own kind,

Betrayal, Makes the heart blind,

Where there was, Any friend,

Now there is, Rugged and not to bend,

One mistake, One to much,

Trust disappeared, Just as such,

Being Finished, Being done,

After this, I am Gone,

Betrayal, Of own kind,

Betrayal of,

A blinded Mind...

Could I..?

Could I only be with you in heaven,

Could I only miss you less,

So much love you gave me,

So much warmth, And happiness,

I wish you wore here,

I don't know where,

I wish you wore here,

Or I over there,

Not being apart, No more missing,

Just us two together,

Our Cheeks kissing,

Could I only, Miss You Less,

Could I wish,

Only happiness...

TRAPPED...

Trapped between, Love and Hate,

Trapped between, Regret and Faith,

I have hope, I will live,

I can smile, I can give,

Life is short, Time is ending,

Live right now, Time is Pending,

Trapped between, Love and Hate,

Trapped between, Regret and Faith...

No Brakes...

No brakes, Only speed,

Going fast, Is all I need,

To my body, I don't Listen,

All my energy, Here it's risen,

Any complaint, I don't hear,

Shush my body, I don't fear,

No brakes, Only speed,

Going fast, Is all I Need...

Explanation of :No Brakes...

I have always felt the urge of not waisting my time,

And I always Try to think through my plans,

But still always I got the feeling of being in a hurry,

haste, my partner and friend,

    Maybe because,

        there is never enough time in live,

        to do all the things you need to do....

Dutch...

SoulMate...

Twijfel aan jezelf, Onzeker in het leven,

Geen eigendunk, Maar Eindeloos gedreven,

Wat is onmogelijk, Als jij me vraagt,

Hoe moet ik weigeren, Als jij me uitdaagt,

Zo alleen, Totaal niet gesterkt,

Zonder jou, Heeft nooit gewerkt,

Ik wil zoveel zeggen, Maar kan het niet,

Al die ellende, En zoveel verdriet,

Jij bent mijn vriend, En laat mij leven,

Voor jou Mijn Soulmate, Zou IK alles geven...

De Roes...

De roes is weg, T'is geen grap,

De werkelijkheid terug, Wat een klap,

Met me voeten, Op de grond,

Op de plek, Waar jij ooit stond,

Ik ga nu verder, Zonder jou,

Ik mis jou warmte, In de kou,

Heb geen keus, Ik moet door,

Voor al die treurnis, Geen gehoor,

Ooit weer samen, Maar nu alleen,

Zonder jou, Waar ga ik heen,

In mijn hart, En mijn dromen,

Zullen Wij,

Opnieuw SamenKomen...

Een Scherpe Rand...

Een scherpe rand Om mijn hart,

Een scherpe rand aan mijn ziel,

Wie mij kent snijdt zich niet,

Wie mij Tart bloedt en giet,

Leer mij kennen, Neem een gok,

Wandel mee, Beleef die schok,

Ik doe niet moeilijk, Ik sta Open,

Iedereen kan, Met mij meelopen,

Ik deel alles, En weet veel,

En toch zo weinig ,Van het geheel,

Ik wil jou kennen, En jij mij,

Als wij lopen, Zij aan Zij...

Het donkerste dal...

Zonder slecht, Zie je geen goed,

Zonder angst, Ken je geen moed,

Het donkerste dal, Treurig en kaal,

Het donkerste dal, Donker en vaal,

Enge geluiden, Om je heen,

Alles lijkt hier wel, Van steen,

Paniek en angst, Een knellend hart,

Door die nachtmerry, Word ik gesart,

Alles angst , Om mij heen,

Alles hier , Voelt als steen...

Te Intens....

Waarom, houd er niemand van mij?

Waarom, Maak ik niemand blij,

Waarom ben ik teveel, Te intens,

Waarom geeft niemand om mij, Geen enkel mens,

Waarom is alles aan mij, Zo ontzettend diep,

Alleen mijn schaduw zichtbaar, Waar IK liep,

Alweer verlangen, En weer een diepe wens,

Waar is mijn Compagnon, Die andere mens,

Alleen mijn schaduw, Waar ik liep,

Alles aan mij, Zo intens diep...

De wereld...

De wereld draait, Maar ik lig stil,

Ik praat hardop, Dis niet wat ik wil,

Verander Jezelf, Verander het Leven,

Hou nu eens op, Een ander de schuld te geven,

Ga iets doen, Start die droom,

Blijf niet hangen, Aan die boom,

Vol verdriet, Het schiet niet op,

Neem je leven, Op de schop,

Net zo simpel, Is deze zin,

Zonder Trachten, Geen gewin,

De wereld draait, Zoals ik wil,

Verander mezelf, En lig niet stil...

Ik Moet...

De hele dag, Leven met mezelf,

Makkelijk is het nooit, Laat staan voor een ander,

IK Moet,

Sterk zijn, Ben het hardst voor mezelf,

Geen moment te verliezen, Gedachtenloos gedwelf,

Iedereen kijkt, En ziet mij staan,

Me eigen spiegelbeeld, Moet ik voorbijgaan,

Ik zie niks, Ben stekeblind,

Wat anderen zien, Is mijn niet gezindt,

Wat ik zie, Bevalt mij Nooit,

Mischien nu,

    Of in het Ooit..

Kansen...

Kansen vergooid, Of nooit gekregen,

Altijd herdacht, Of nooit vergeven?

Momenten komen, Of nooit gegrepen,

Diamanten gezien, Maar nooit geslepen,

Tijd vergaat, als gedachten blijven,

Praat in het nu , Van je af schrijven,

Luister naar jezelf, Of naar iemand,

Maak contact, Of ga naar niemand,

Kansen vergooit, Of nooit gekregen,

Niemand gezien, Of nooit geschreven...

Uitleg gedachtengang: Kansen...

Zoveel dingen in het leven meegemaakt,

Veel rotte momenten en heel weinig mooie dingen,

De mooiste momenten uit mijn leven,

Zijn wel te tellen op twee handen,

Maar dat wat mooi was, was dan ook zo intens mooi,

Dat ik allaminuut terug zou willen naar die momenten,

het leven is één grote kans, een proef voor jezelf,

laat niemand jou ondermijnen,

jij bent het belangrijkste in je eigen leven....

Verborgen Haat...

Ik hoor het in je stem, Als jij praat,

Achter je facade, Verborgen Haat,

Je zegt het niet, en tracht te verbergen,

Mij moet je niet, Nog langer tergen,

Spijt is betuigd, K'heb alles gedaan,

Na je vergiffenis, Zie je mij niet staan,

Ik smeekte en vraagde, Wat moet ik doen?

In oorverdovende stilte, Liet jij mij Toen,

Ik laat je gaan, Zoals jij wil,

Voor mij was het toch al EINDELOOS stil,

Ik hoor in je stem, Verborgen haat,

Voor mij is het vast, Veelste Laat...

Kanttekening voor

    Verborgen Haat:

Hoe begrijpelijk ook,

dat er boosheid is na een niet herstelde fout,

niet gelogen , maar ook niet de waarheid onthuld,

Dat er haat kwam en ontstond na boosheid,

is een foutief procces van het hart,

Vergiffenis is HET Grootste Goed,Mits Gemeend.

Achteraf haat spuien, is gif in een Vriendschap,

Vergeef en laat het zijn,

Vergeef en verlaat de pijn....

Mysterious....

Mist Around Me, I Am Mysterious,
Mist In My Head, I Am Just Curious,
Mysterious, My Second Name,
Mysterious, The Way I Came.
Concealed Are My Thoughts, But It Stay's,
Mysterious I Am, In All My Ways.
Through The Mist, You Must Look,
Open Me, And Read This Book....
So Far Away, And Not Clear,
All My Thoughts, Just Dissappear...
Where Are They Now,? Thats Mysterious,
Aren't You,? Just A Bit??.....Curious???.

Tot Mijn Vingers Branden........

Schrijven Tot Mijn Vingers Branden,
Schrijven Tot Mijn Hart Bloed....
Alles Is Onzeker, Als Een Storm Door Mijn leven Woedt....
Leeg Waar Het Gevuld Moet Zijn,
Donker Is Het In Mijn Ziel....
Levend In Een Tredmolen, Draaiend Als Een Vierkant Wiel...
Zoekend Naar Alles., Wat Ik Niet Vind,
Vragend Naar Iets., Wat Me Niet Zint....
Onder Mijn Huid., Voelt Het Zo Vreemd,
In Mijn Hart., Is Alles Versteend....
Kon Ik Maar Denken Alles Komt Goed,,..
Doorgaan Met Schrijven., Want Mijn Hart Bloed........

Wat Is Hoop...

Wat Is Hoop Zonder Twijfel,
Een Verlangen Zonder Vuur.,
Twijfels Zonder Angst,
Een Droom, Zonder Glazen Muur,
Wat Zijn Wensen Zonder Doel,
Wat Is Tijd Zonder Eind,
Wanneer Is Vragen Niet Meer Nodig,
Wanneer Zijn Kansen Niet Verkleind,
Wat Is Hoop Zonder Twijfel,
Een Droom Zonder Glazen Muur...
Wat Zijn Wensen Zonder Doel,
Een Verlangen Zonder Vuur...

Snowflakes Falling.....

Snowflakes Falling, From The Sky,
I Hear My Name, Angels Calling...
Never Alone, So Much Around,
So Many Voices, So Much Sound...
Beautiful Wishes, Coming Down,
So Many Thoughts, Coming To Town...
Looking Up, See A Star, Looking Up, See So Far....
Throw Away, All The Sorrow,
We Will Wait, Until Tomrrow...
Today We Are Full Of Light, Next Day Is There., To Fight...
Beautiful Wishes, Coming Down,
So Many Thoughts, Coming To Town...
Never Alone, So Much Around,
So Many Voices, So Much Sound........

Zachtjes.......

Zachtjes druk je me tegen je aan,
Fluisterend zeg je, Ik laat je niet meer gaan...
Je Ogen vol met Woorden, Je Hart vol met Gevoel,
Jij kijkt naar mij, En samen naar Ons Doel...
We Zeggen Niets, Gewoon elkaars armen,
Jij Bent zo lief, En blijft me Verwarmen...
Ik Zeg het niet, maar ik voel zoveel,
Wij Twee Samen, dat is één Geheel...
Je Bent vertrouwd, en voelt zo Goed,
Je moet Haast Weten , wat je met me doet...
Zachtjes , Druk je me tegen je aan,
Pak me vast, En laat Me Niet Meer Gaan.......

Vergeten

Vergeten.,wat je niet vergeten kunt.,

Vergeten.,wat je niet met rust laat...

Vergeten.,en niet onthouden.,

Vergeten.,wat gegrift staat...

Verder gaan.,met waar je was.,

Verder gaan.,met ferme pas...

Doorgaan.,zonder om te kijken.,

Doorgaan.,en voor niets meer wijken...

Lopen., tot het niet meer verder gaat.,

Lopen., tot je bij het einde staat...

Niet kijken.,niet om of op.,

Doorgaan.,tot helemaal de top...

Vergeten.,wat je niet vergeten kunt.,

Vergeten.,wat je niet met rust laat...

Doorgaan.,tot de top.,

Lopen.,tot je bij het einde staat.......

       let me be., the way i am.......

Let me be ., the way i am., Let me see., the way i can...

Let me be., the way i dare., Let me plea., the way i care...

Tonight i see the moon., Tommorow., i'll await heaven...

Dreams shattered., wishes broken., My will scattered., my choice unspoken...

Suddenly i was there., through time and throug space.,

Now i am aware., never to compare........

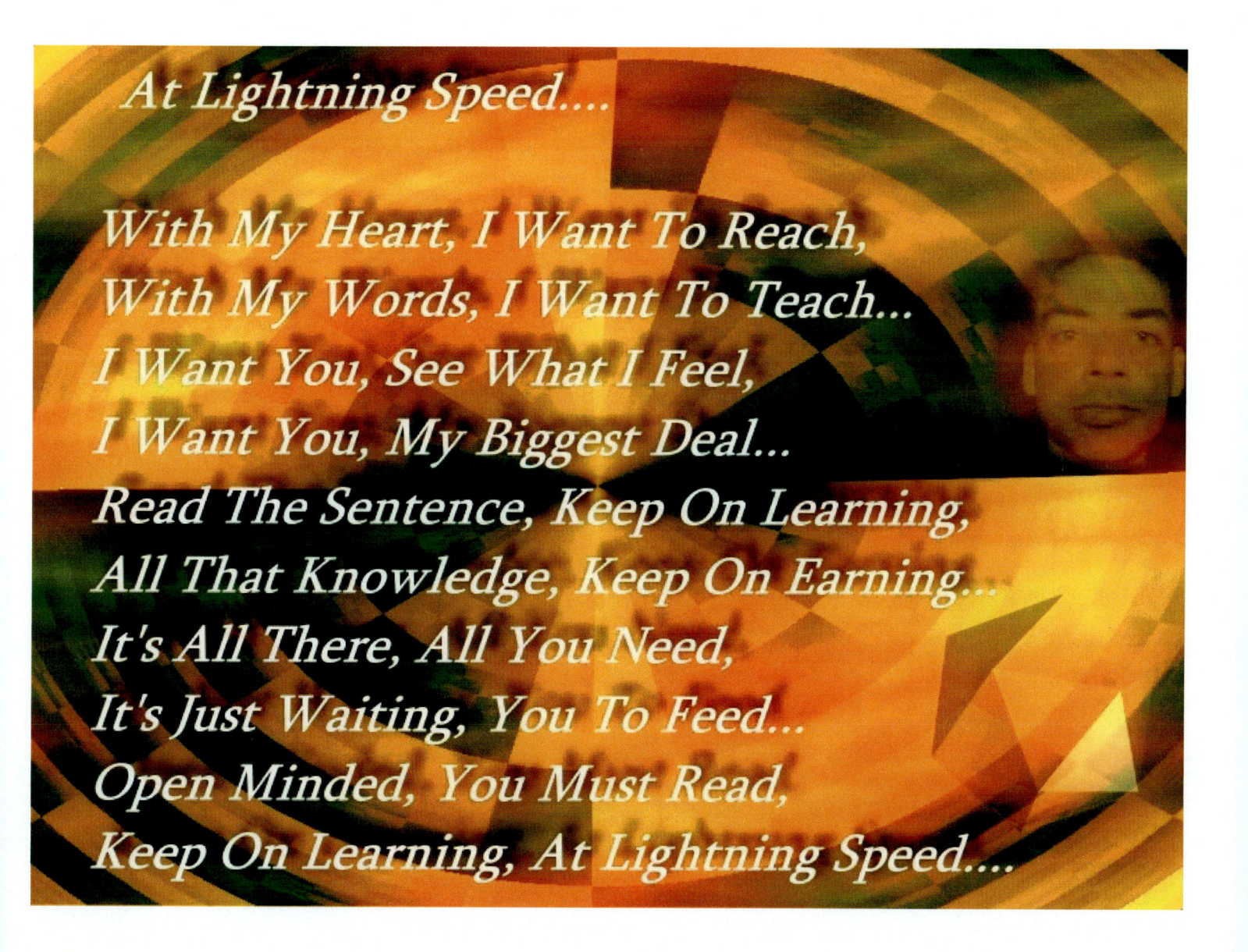

At Lightning Speed....

With My Heart, I Want To Reach,
With My Words, I Want To Teach...
I Want You, See What I Feel,
I Want You, My Biggest Deal...
Read The Sentence, Keep On Learning,
All That Knowledge, Keep On Earning...
It's All There, All You Need,
It's Just Waiting, You To Feed...
Open Minded, You Must Read,
Keep On Learning, At Lightning Speed....

M'n hart voelt heet.....

Je hand op mijn borst.,m'n hart voelt heet.,

Je ogen gericht op mij.,en veel wat je niet weet...

Jou ziel spreekt.,terwijl de mijne zwijgd.,

Ik vraag me af.,hoe je het voor elkaar krijgt...

Het lot draaid.,m'n ziel gaat praten.,

Er is niets.,wat ik nu nog wil laten...

Ik geef je de sleutel.,tot mijn hart.,

laat ons beginnen.,deze nieuwe start...

In mijn armen.,tegen me aan.,

Elke weg.,wil ik met je begaan...

Alles wil ik.,met je doen.,

Niets geen twijfels meer.,van toen...

Niet meer wachten.,op de tijd.,

niet meer wachten.,en geen spijt...

In mijn armen.,tegen me aan.,

Elke weg.,wil ik begaan.......

my name is storm...

I feel danger,I see trouble..

my name is storm,my ways are doubled..

lived in pain,lived in sorrow..

today I am,maybe tomorrow..

ways of mystery,keeping answers..

ways of time,standing still..

seeking love,is forever..

seeking now,is to kill..

dreams to come,thoughts to go..

wishes here,you never know...

Is een blad., in de wind.....

Als een blad in de wind.,
Als een vogel in de regen...
Zo verloren voel ik me.,
Geen weg is de juiste...
Als een sneeuwflok in de zomer.,
Als zonneschijn in de winter,
Als een wolk Verdwaald op aarde...
Verdwaald in dit leven.,Geen hoop in mijn hart...
Geen rust in mijn ziel.,Een eindeloze start...
Als een blad in de wind.,Als een vogel in de regen...
Blijf ik zoeken naar wat rust.,
Blijf ik zoeken naar de wegen...

Als een vuur word ik omringd.....

Het vertrouwen dat je me geeft,De warmte die je me schenkt....

Gevuld door jou licht, Niets anders in het zicht....

De liefde uit jou hartje.,zo groot en zo klein

Doet me wensen., voor eeuwig bij je te zijn....

Als een vuur word ik omringd, Als de hemel die zich opend....

Zo voel ik me telkens, Jij trots op me aflopend...

Je mooie hartje van goud, Je ziel zo onwijs puur…

Ik ben vaak de domste, En jij puur natuur….

Je ogen zo vol verwachting, Mijn hart gevuld met trots….

Blijf bij me mijn schatje, Jij bent mijn rots……..

An Angel Was Born…..

An Angel Was Born, And Made Me Proud,
An Angel Was Born, And Made Me Shout…
So Much Joy, So Much Happiness,
It Was Ours, And Treuly a Bless…
Why You My Darling, Why This End,
Always In My Heart, The Time We Spend..
I Treasure You, In Body And Mind,
Though It Feels, My Soul Is Blind…
Never Forgetting, You My Sweet Child,
The First Time I Saw You, My Whole Body Smiled…
You My Angel, Are My Pride,
You My Angel, Are My Guide…

Heart in motion...

Heart in motion, soul keeps still..

Life is running, like water in a mill..

Countless stars, onto heaven..

One two tree, up to seven..

Life is lovely, not every day..

When is this light, here to stay....

   I Feel Safe....

I Feel Safe, When You Are Near,I Don't Cry , Not One Tear..

I Feel Good, Hold Me Tight,Let Us Spend, This Whole Night...

I Don't Know, What To Do,

Totaly Alone, Without You...

Never Leave Me, Stay Forever,Don't Let Me Go, Now Or Never..

Let Me Love, All Of YOu,Let Us Stay, Whole Life Through..

Never Alone, I Want To Be,

I'm UNchained, I Feel Free..

In Your Arms, I Feel Strong,To You My Angel, I Belong...

I Feel Good, Hold Me Tight,Every Moment, Does Feel Right....

Asking God...

*Asking God, All The Day's,
Asking God, In All My Way's..
So Much To Ask, All I Need,
Show Me How, To Succeed..
Please Don't Go, I Stil Believe,
Greatfull I Am, For I Recieve...
Stay With Me, Don't Let Me Go.?,
I Need You, The Road To Show...
Shine Your Love, Open The Core,
Shine Your Light, Through The Door...
Asking God, All The Day's
Pray In Silence, In All My Way's....*

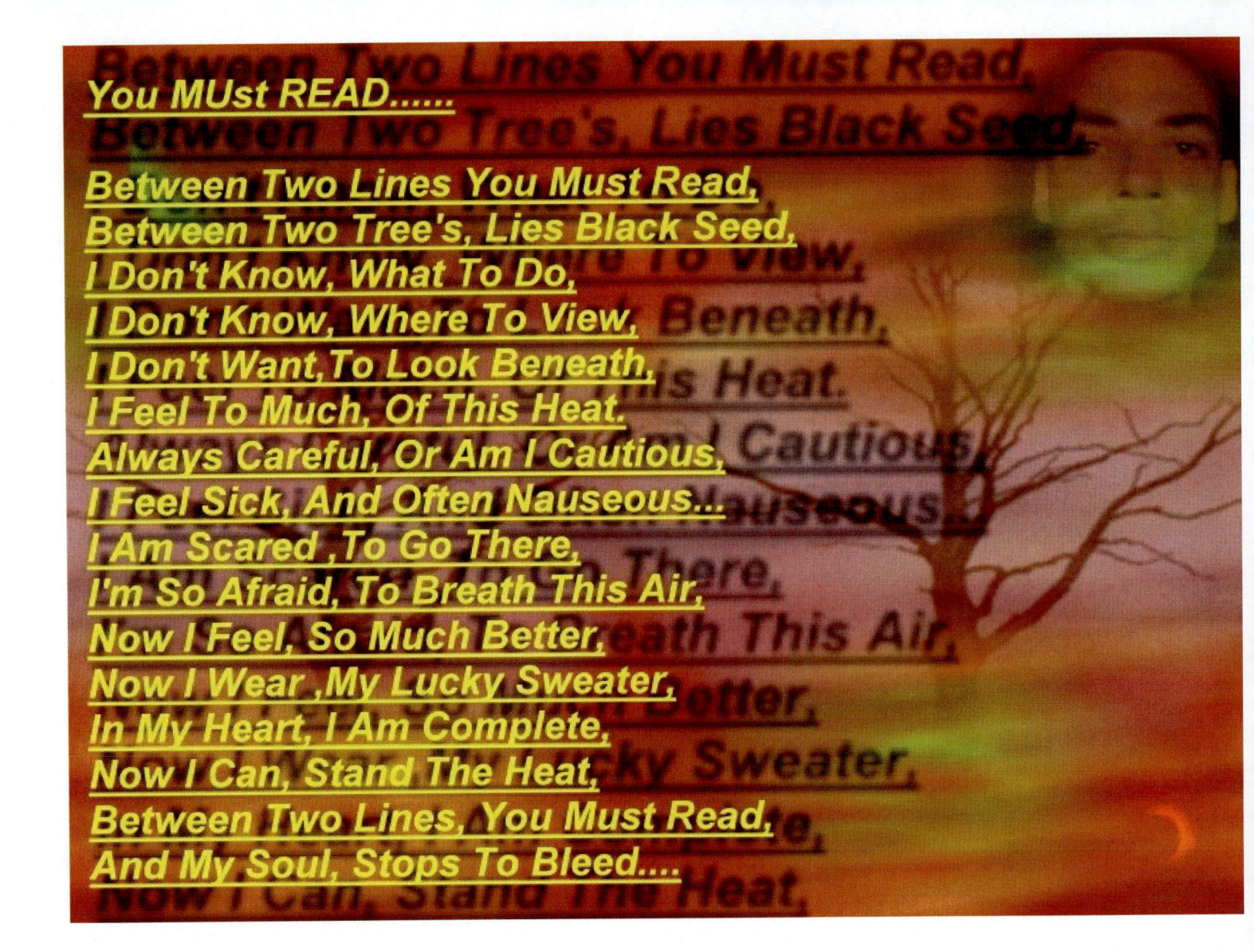

Between Two Lines You Must Read,
Between Two Tree's, Lies Black Seed,
I Don't Know, What To Do,
I Don't Know, Where To View,
I Don't Want, To Look Beneath,
I Feel To Much, Of This Heat.
Always Careful, Or Am I Cautious,
I Feel Sick, And Often Nauseous...
I Am Scared, To Go There,
I'm So Afraid, To Breath This Air,
Now I Feel, So Much Better,
Now I Wear, My Lucky Sweater,
In My Heart, I Am Complete,
Now I Can, Stand The Heat,
Between Two Lines, You Must Read,
And My Soul, Stops To Bleed....

Finaly....

Finaly Is, The Time Right, Your Heart Warm, Your Soul Bright..

Through Your Eyes, I See Love,

All For Me, All The Above...

Make Me Smile, And Make Me Laugh,

You Feel Good , My Second Half...

When I Feel Alone, You Are There,

When I Search, You Are Everywhere...

Do Not Stop, This Endless Dream,

You And Me, We Are Supreme..

I Keep Looking, Into Your Eyes,

Our Strong Love, Never Dies...

I Did Wait, Till Time Was Right, I Did Wait, For Your Soul So Bright....

Forgotten....

Did You Forget, I'm Stil Here, Did You Forget, I Am Near..

Have You Forgotten, What We Share, Have You Forgotten, I Do Care..

Must I Repeat, What You Know, Why Ask Me, Again To Show..

Keeping Distance, Far Away, Please Don't Ask Me, Here To Stay..

You Have Forgotten, What We Share, You Have Forgotten, I Did Care..

Now Let Me Go, On My Own, Turned My Feelings, Into Stone..

Do Not Cry, It Is To Late, Just Accept, This New Fate..

Now Let Me Go, On My Own, Our Path Togheter, Has Just Flown...

Behind A Curtain....

Hiding Behind A Curtain, Hiding Behind A Mask,
Trying To Understand, Trying To Get A Grasp...
This Lonely World, So Strange To Me,
It Is Here, Always To Be..
Don't Make Me Sick, Care With Your Heart,
Don't Be Naive, Just Be Smart..
All We Take, Instead Of Giving,
Don't We Care, About The Living..
Do Not Cry, Do Not Fear,
Not Anymore, Not One Tear...
Nothing Lost, We Stil Live,
Realising Now, Time To Give...

Looking Up See Below...

Driving Here, On This Road, Called My Past, On This Boat...

Looking Up, See Below, Feel The Heat, Let Me Grow..

Standing Frozen, Near The Sun, Have Been Chozen, Just To Run..

Out Of Luck, Out Of Sight, All The Years, Just One Night...

In My Mind, All These Wishes, In My Heart, All What Misses.....

My Way.....

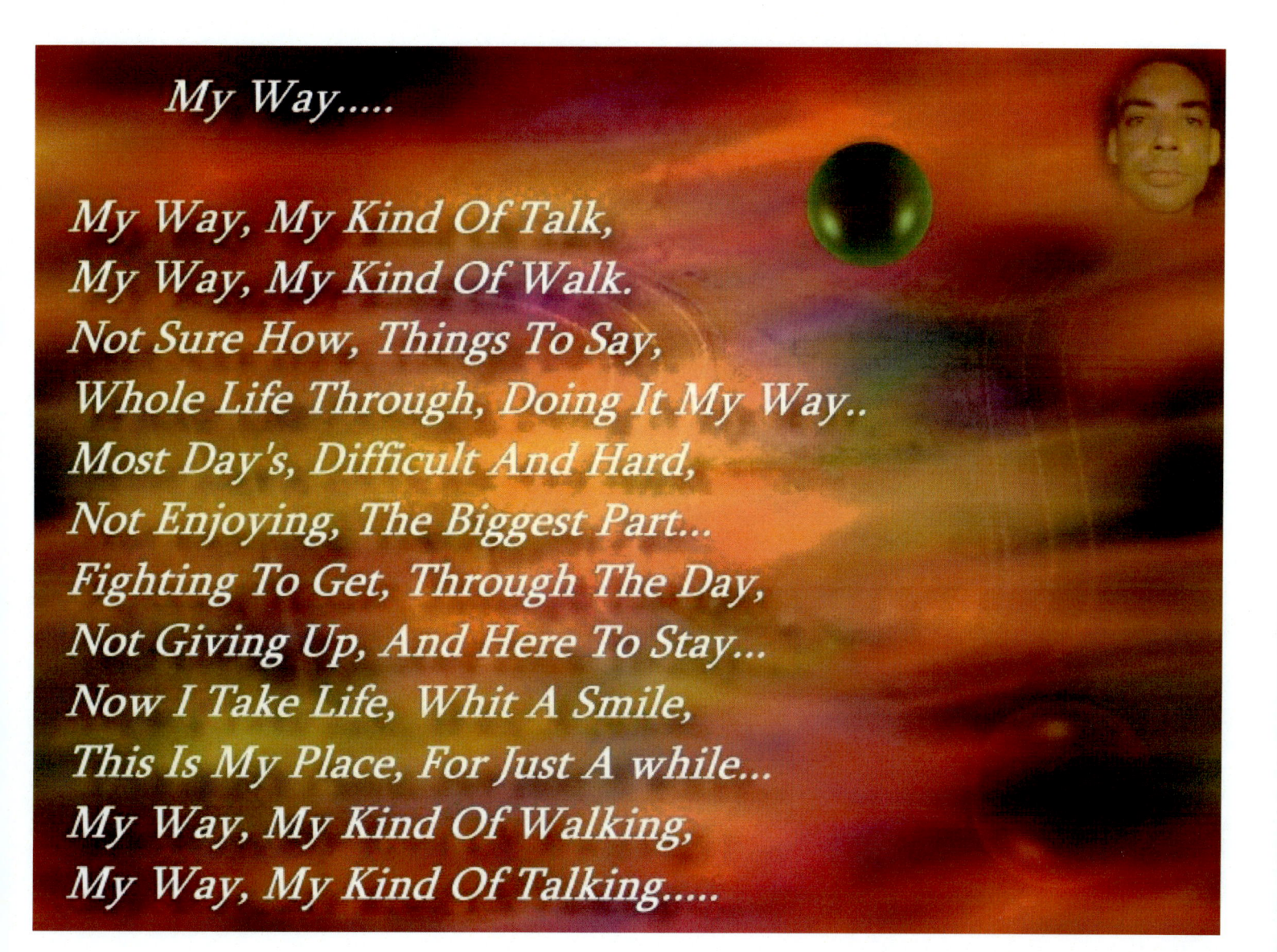

My Way, My Kind Of Talk,
My Way, My Kind Of Walk.
Not Sure How, Things To Say,
Whole Life Through, Doing It My Way..
Most Day's, Difficult And Hard,
Not Enjoying, The Biggest Part...
Fighting To Get, Through The Day,
Not Giving Up, And Here To Stay...
Now I Take Life, Whit A Smile,
This Is My Place, For Just A while...
My Way, My Kind Of Walking,
My Way, My Kind Of Talking.....

Iemand Verliezen Waar je Van Houdt.......

*Iemand Verliezen., Waar Je Van Houdt.,
Iemand Verliezen., Met Een Hart Van Goud...
Pijn laat het Achter., het leed wordt Niet Zachter.,
Ik Mis Hem Elke Dag., Ik Mis Elke Blik Die ik Zag...
Ik Tracht OM Door te Gaan.,en Tracht om Klaar te Staan.,
Kon ik Mijn Schat maar Terughalen.,
Kon Mijn Engel maar Nederdalen...
Die Paar Jaren., Waren Zo Kort.,
Sinds Jou Dood., Ben Ik Verdort...
Zoveel Tranen., Niet Geuit.,
In Mijn Hart.,zit Weinig Geluid...
Ik Mis Jou Voor Eeuwig.,Zoveel ik Kan.,
Ik Mis Jou Voor Eeuwig., Tot Het Weerzien., Dan.......*

Iemand Verliezen.,Waar Je Van Houdt.,

Iemand Verliezen., Met Een Hart Van Goud...

Pijn laat het Achter., het leed wordt Niet Zachter.,

Ik Mis Hem Elke Dag., Ik Mis Elke Blik Die ik Zag...

Ik Tracht OM Door te Gaan.,en Tracht om Klaar te Staan.,

Kon ik Mijn Schat maar Terughalen.,

Kon Mijn Engel maar Nederdalen...

Die Paar Jaren.,Waren Zo Kort.,

Sinds Jou Dood., Ben Ik Verdort...

Zoveel Tranen., Niet Geuit.,

In Mijn Hart.,zit Weinig Geluid...

Ik Mis Jou Voor Eeuwig.,Zoveel ik Kan.,

Ik Mis Jou Voor Eeuwig., Tot Het Weerzien., Dan.......

Ik Breng JOU......
Ik Breng Jou Een Lach, Ik Breng Jou Een Traan.
Ik Breng De Wegen , Om Te Begaan...
Ik Breng Geluk, Maar Geen Verdriet,
Ik Breng Het Mooiste, in't Verschiet.....
Ik Zie Geen Donker, Wel Het licht...
Ik Schenk De Dromen,In Het Zicht...
Ik Zie Een Verlangen,Naar Iets Warms...
Ik Voel De Droom ,Over Het Vuur...
Ik Breng Een lach, Ik Breng Een Traan,
Ik Geef Je De Aarde Om Op Te Staan...
Ik Schenk Je De Maan, ÉN De Zon,
Ik Schenk Je De Hemel,Waar Het Begon....
Zie De Sterren,Zie De Nacht...
Kijk Omhoog,Waar Ík Wacht...
Ik Breng Je De Wegen,Om Te Begaan,
Ik Geef Je De Aarde, Om Op Te Staan....

In My Saddest Hour....

In My Darkest Moment, I Feel Warmth..
In My Saddest Hour, I See A Smile..
When I Need The Most, I get Nothing...
When I'm Quiet, I Hear All..
When I Speak, It is Still..
When I Run, I Must Walk..
If They Ask, I don't Know..
When I leave, There they Go..
In My Dreams, I Know Nothing..
In Real life, I keep Quiet...

Beyond Sanity...

In My Mind, Beyond Sanity..
Lies The knowledge, Of Comprehension..
This is My luck, This is My Gift..
Sometimes A Curse, Catch My Drift..
Am I living, Am I Frozen..
I'm Not Special, Mostly Chosen..
Don't Know Why, Don't Know Where..
Call My Name, I Am There..
In My Mind, lies This Gift..
At This Moment, In This Drift....

Als ik nu...........

Als ik gister wist wat morgen gebeurd, Weet ik vandaag om niet te twijfelen.

Als ik nu kijk naar de toekomst, Dwaal ik af, in het verleden.

Als ik nu kijk naar de pijn, Is het verdriet, dan morgen weg?

Als ik nu kijk naar de zon, Is het dan morgen helemaal donker?

Als ik nu vraag om je liefde, Ben ik dan morgen, helemaal alleen?

Als ik nu kijk naar je ogen, Wend je ze dan, morgen van me af?

Als ik nu kijk naar de toekomst, Dwaal ik af, naar het verleden,

Als ik nu kijk naar je ogen, Wil ik morgen,

mischien de rest..........

Rejected....

Rejected In My Soul, Denied In My Being, Sow Much Anger, Towards Myself..

Feeling Mad, Against This World, Lost Myself, In This Life...

Losing My Hope, My Identity, Never Knowing , Who I Am...

Accepted This, My Destiny, Accepted Now, This Is my Fate..

Whom Is It, This Reflection,

On The Water, Seek Protection..

Feel Rejected, In My Soul,

Been Denied, In My Being....

Turning Point....

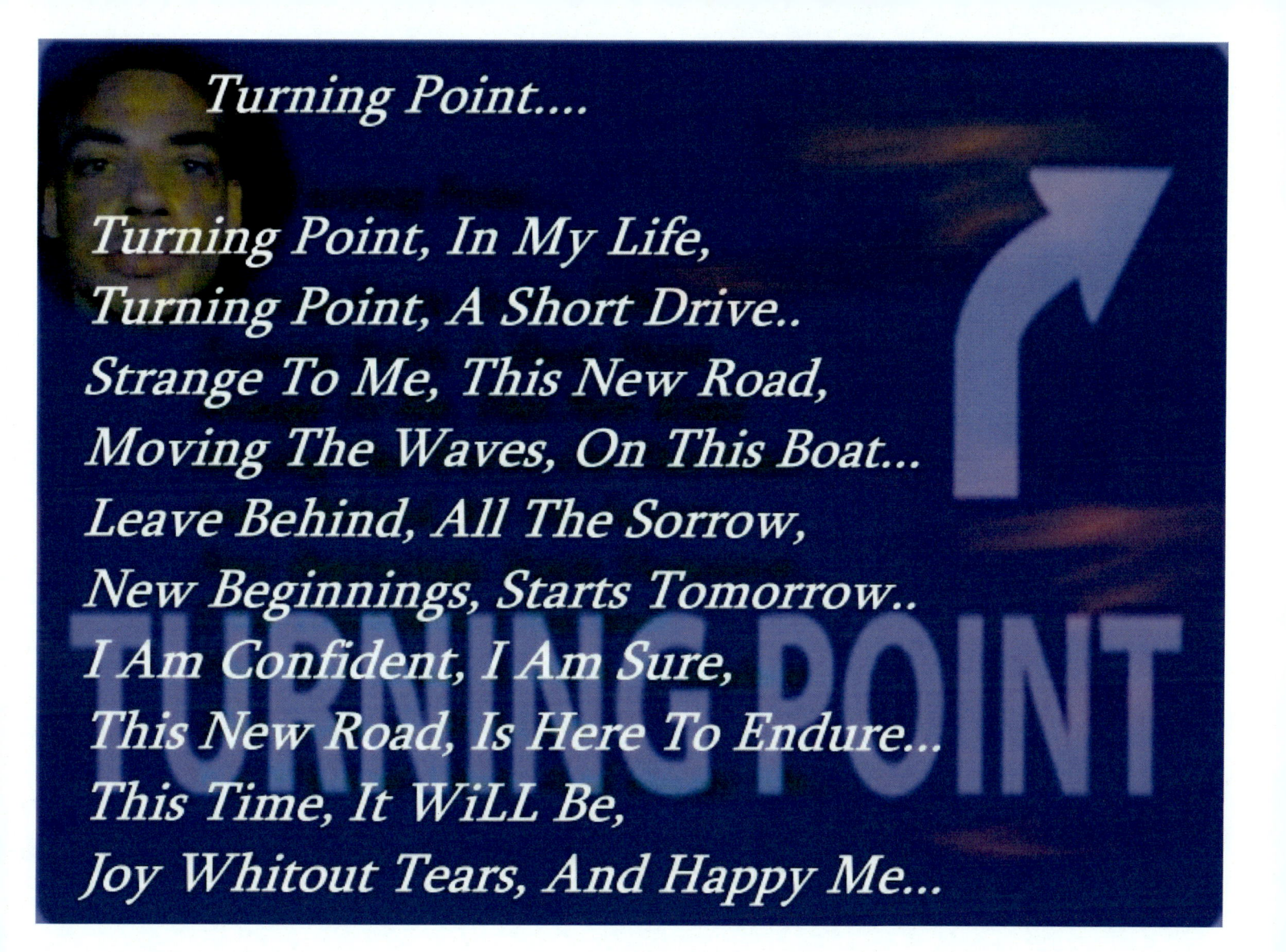

Turning Point, In My Life,
Turning Point, A Short Drive..
Strange To Me, This New Road,
Moving The Waves, On This Boat...
Leave Behind, All The Sorrow,
New Beginnings, Starts Tomorrow..
I Am Confident, I Am Sure,
This New Road, Is Here To Endure...
This Time, It WiLL Be,
Joy Whitout Tears, And Happy Me...

Eindeloos.........

Een eindeloos gevoel van binnen, Duizend vragen.,lege zinnen....

Vreemd is dit lot.,alles zit dwars, Niets is wat het lijkt.,alles is anders..

Eindeloos blijf ik denken, Alles wat ik in me heb.,blijf ik schenken....

Eindeloos voel ik me rot, Eindeloos vraag ik aan God....

Altijd ga ik tot het einde, Veelal tot ikzelf wegkwijnde....

Niemand weet hoe rot ik me voel, Eindeloos zoek ik naar m'n doel....

Soms denk ik dat het beter gaat, Tot ik weer in problemen waad....

Een eindeloos gevoel van binnen, Duizend vragen.,

Lege zinnen........

Extended Ocean

Clear Blue Waves, Extended Ocean,
Merging Souls, Blended Motion.
No One Around, Miles Of Empty Space,
No Claiming Here, This Is No Man's Place..
The Smallest Beings, Precious The Most,
Should Not Change , Into Ghosts...
Please Don't Shatter, Fragile Treasure,
Wurth More Than Gold, Not To Measure...
No One Around, Extended Ocean,
Miles Of Space, Blended Motion...

Extended Ocean

Clear Blue Waves, Extended Ocean,

Merging Souls, Blended Motion.

No One Around, Miles Of Empty Space,

No Claiming Here, This Is No Man's Place..

The Smallest Beings, Precious The Most,

Should Not Change , Into Ghosts...

Please Don't Shatter, Fragile Treasure,

Worth More Than Gold, Not To Measure...

No One Around, Extended Ocean,

Miles Of Space, Blended Motion...

Listen Carefully....
Listen Carefully, Do You Hear,?.
Unknown Entity, But Nothing To Fear...
Let Mé Take You, By Your Hand,
I Am Waiting, Here I Stand...
So Much Time, Did We Spil,
One Moment Of Time, Did We Kill...
Don't Sit Stil, Keep On Living,
Don't Just Take, And Start Giving...
Angels Here, For Your Support,
Don't Think About It, Time's To Short...
Do Not Question, This IS Faith,
One Big Road, Go On Straight...
Do You Believe,? The Words I Say,.?
Is Faith Lost, Or Does It Stay.,???
So Much Time, Did We SPil,
One Moment In TIme, You Sat Stil...

Listen Carefully....

Listen Carefully, Do You Hear,?. Unknown Entity, But Nothing To Fear...

Let Mé Take You, By Your Hand, I Am Waiting, Here I Stand...

So Much Time, Did We Spill, One Moment Of Time, Did We Kill...

Don't Sit Still, Keep On Living, Don't Just Take, And Start Giving...

Angels Here, For Your Support, Don't Think About It, Time's To Short...

Do Not Question, This IS Faith, One Big Road, Go On Straight...

Do You Believe,? The Words I Say,.?

Is Faith Lost, Or Does It Stay.,???

So Much Time, Did We Spill,

One Moment In Time, You Sat Still...

> ORion...
>
> See The Wilderness, Eye's Of A Lion,
> Do Not Tame Me, I Am ORion..
> My Nature, Is Your's To,
> Twenty Miles, In One Shoe...
> Eagles Wings, Set U Free,
> Eagles Wings, Let Them Be...
> Mother Nature, Is My Friend,
> Whole Life Through, Time We Spend..
> It Is Stil, In Our Care,
> Whole World, All We Share...
> Not To Tame, Eye's Of Lion,
> My Name Is, ORion...

Ik ben een Wolf.......

Liefde is, wat ik zocht in mijn leven,

Iemand, die me alles zou geven.

Niemand komt verder dan een kluis,

Daar waar mijn hart zit, is niemand thuis.

Geef me een hamer, breek deze muur.

Geef mij voldoening, stook dit vuur.

Ik zit verscholen , in een hoek,

Open mij , en lees dit boek.

Ik ben een wolf, en zit geklemd,

Ik wacht op jou, tot jij me temt.

Kom me halen,open de kluis,

Breek de muur, maak het tot gruis.

Ik zit verscholen, in een hoek,..... Open mij, en lees dit boek......

Ik Ben Een Wolf.......

Liefde Is, Wat Ik Zocht In Mijn Leven,
Iemand, Die Me Alles Zou Geven..
Niemand Komt Verder Dan Een Kluis,
Daar Waar Mijn Hart Zit, Is Niemand Thuis..
Geef Me Een Hamer, Breek Deze Muur,
Geef Mij Voldoening, Stook Dit Vuur...
Ik Zit Verscholen, In Een Hoek,
Open Mij, En Lees Dit Boek....
Ik Ben Een Wolf, En Zit Geklemd,
Ik Wacht Op Jou, Tot Jij Me Temt......
Kom Me Halen, Open De Kluis,
Breek De Muur, Maak Het Tot Gruis...
Ik Zit Verscholen, In Een Hoek,
Open Mij, En Lees Dit Boek.......

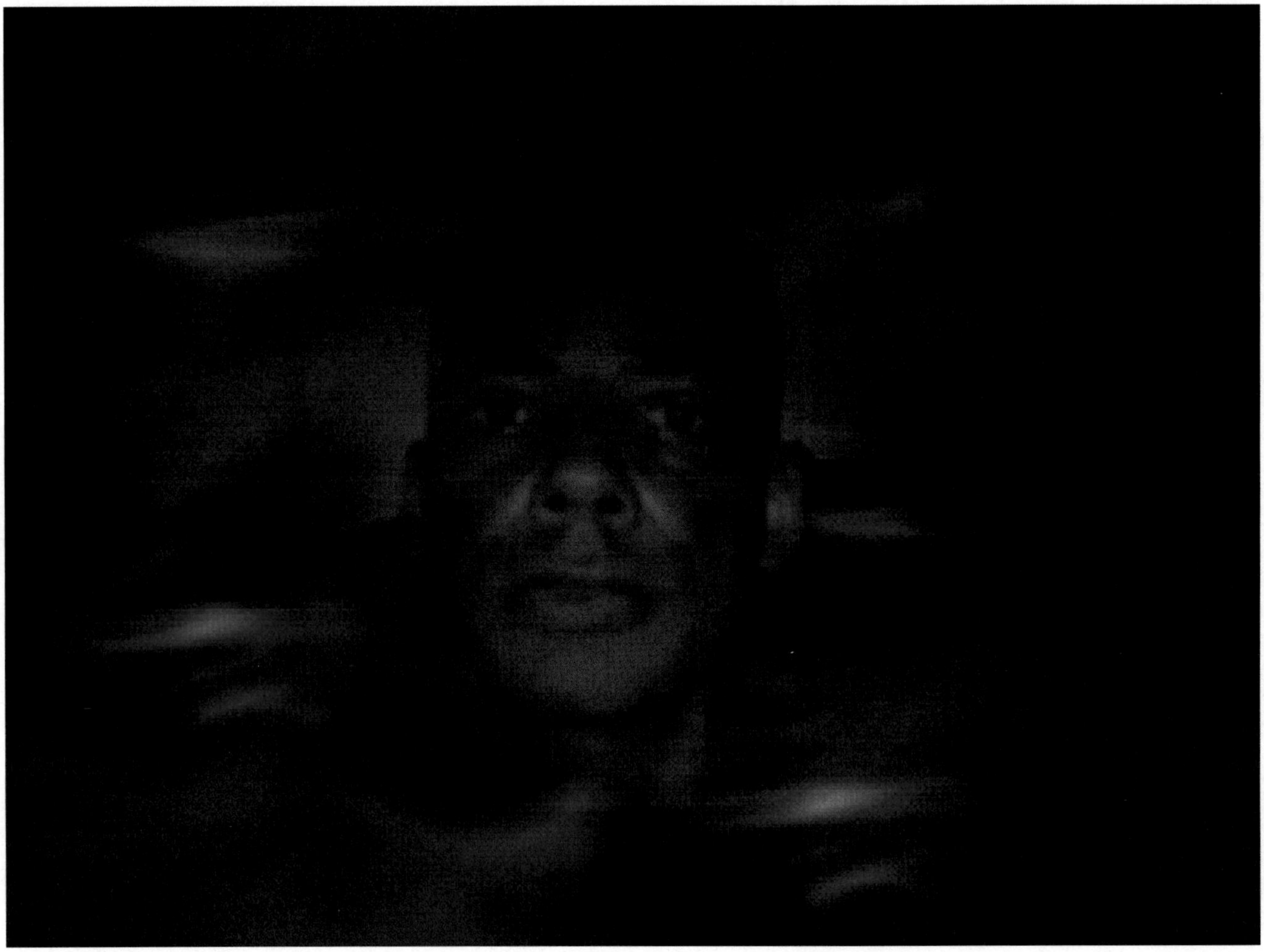

Sisco Simbula...

Made in the USA
Middletown, DE
20 September 2017